AF438692

FEUILLETS DÉTACHÉS

DE

L'HISTOIRE DE REBAIS EN BRIE

FEUILLETS DÉTACHÉS

DE

L'HISTOIRE DE REBAIS

EN BRIE

PAR

V. LEBLOND

ÉTUDIANT EN MÉDECINE

Interne provisoire des hôpitaux.

COULOMMIERS

IMPRIMERIE MÉDÉRIC CHAROT

—

1888

AVANT-PROPOS

De quelques notices jetées, çà et là dans les journaux de ce pays, on a simplement fait une brochure : je l'offre à vous tous, mes amis, qui pendant quatre années de recherches m'avez soutenu de vos conseils.

Faites que cet enfant, né avant terme, soit lu et relu de vous : ce travail encore informe en sera moins indigeste. Faites aussi qu'il prépare la venue de sa sœur, la *Petite Histoire de Rebais*, qui mettra bien encore quelques mois à naître.

Ainsi soit-il.

V. L.

REBAIS

Autour d'une église tremblante,
Voyez-vous ce riant vallon,
Creusé comme un large sillon,
Où murmure une onde inconstante?

Un groupe de deux cents maisons,
Coquettes, au bord de huit rues ;
Plus loin, huit belles avenues,
Pleines d'ombre, aux doux horizons ;

Une grand'place ovale,
Où, le mardi, dévale
Le marchand d'alentour :
On y vend et sermonne,
Dispute, achète et donne
A chacun un bonjour.

Puis un étang d'eau verte
Où la grenouille alerte
Se cache au moindre vent,

Où le valet d'auberge
En sifflant sur la berge
Fait boire sa jument ;

Plus bas, à la rivière,
La vive lavandière
Égayant le lavoir
Sur le linge se penche,
Frappant dans une eau blanche
A grands coups de battoir ;

Et l'École nouvelle
Où la clochette appelle
Les enfants turbulents qui délaissent leurs jeux : —
Puis le champ du repos où dorment les aïeux,
Où le calme est si pur et la mort est si douce
Qu'on pense les troubler en marchant dans la mousse.

Voilà Rebais, charmant séjour,
Bâti près d'un couvent, au vieux pays de Brie.
C'est mon village et ma patrie.
On dira son histoire un jour.

FEUILLETS DÉTACHÉS

DE L'HISTOIRE DE REBAIS EN BRIE

I

SUR LE NOM DE REBAIS.

« En l'an 634, il y avait en Brie, à trois lieues de Jouarre. entre l'orient et le midi. un lieu retiré. également distant du Grand et du Petit-Morin, près d'un torrent appelé Resbac. Il était au domaine royal : Saint-Ouen le demanda à Dagobert qui le lui accorda, pour y jeter les fondements d'une abbaye (1) ».

Telle est l'origine de l'abbaye et du nom de Rebais. *Resbacum.*

Mais que signifie ce mot *Resbac ?*

Il est expliqué en partie par d'Expilly (2) :

« Le monastère fut bâti sur le bord d'un torrent appelé *Resbac* (d'où est venu son nom).

(1) D. Toussaint Duplessis. — *Histoire de l'Eglise de Meaux.*

(2) *Dictionnaire géographique,* 1770. tome VI.

car *resbac*. en langue celtique. signifie torrent. et il y en a encore un qui remplit les fossés de l'abbaye de Rebais ».

Quelques noms géographiques se rapprochent beaucoup de ce vieux mot : ainsi *Rosbach*. *Resbecq*. *Roosbecq*. *Roubaix*, ont avec *Rebais* des airs de famille.

Or. en langue celtique. *ros*. *ross*, signifie plaine marécageuse et peut se comparer au latin *rus*. campagne : *bach* veut dire ruisseau. *Rosbach* (et par corruption *resbach*). signifie donc ruisseau dans une plaine marécageuse : telle serait l'étymologie celtique des mots *Rebais*. *Roubaix*. *Resbacum* est la forme latinisée.

Mais *Rosbais* pourrait aussi dériver de la langue romane et être formé de :

    bais ou *baix*, marais,

    et *ros*. abréviation de *rosel*, roseau.

Ce serait donc un nom de situation signifiant : *Marais aux roseaux*.

Pourtant. il est plus probable que la finale *bais*. vient du mot celtique et allemand *bach*. ruisseau (en flamand *beke*) : on peut, en effet. remarquer l'analogie qui entre Roubaix. Rosbach. Roosbeck. toutes villes allemandes ou flamandes.

Au reste. pour jeter encore quelque lumière sur les origines obscures de ces noms, on peut rechercher à travers les âges comment s'est écrit le nom du lieu : il suffit pour cela de remonter le plus haut possible dans l'histoire à l'aide des chartes et des monuments originaux.

Cette laborieuse recherche donne au nom de Rebais les formes suivantes :

Resbacum ou *Rosbacum* (plus souvent *Resbacum*) :

Rebbacum, 1214 (1) :

Rebacum, 1216 (2) ;

Rebescum. XVIe siècle :

Resbes, 1172 (3) ;

Rebes, 1369 (4) :

Resbetz, 1509 (orthographe la plus habituelle). (5) ;

Rebez, 1641 (6) :

Rebets. XVIIe siècle :

Rebais. XVIIIe siècle.

Ainsi donc. *Resbac. Rebais* signifie ruisseau dans une plaine marécageuse.

Ce qui suit va rendre encore plus certaine cette étymologie.

Au sujet de la fondation de l'abbaye, le *Gallia Christiana* dit. en latin (7) : « Nos ancêtres avaient, *à cause de deux étangs*,

(1) Arch. nat. Cartulaire de Champagne.

(2) Id.

(3) Livre des Vassaux de Champagne.

(4) Arch. nat. Charte de Charles V.

(5) Coutume locale.

(6) Lettre du cardinal de Richelieu, datée de Rebez. 27 mai 1641. — Arch. des Affaires étrangères (Portugal).

(7) Tome VIII. col. 1679.

donné à ce lieu le nom de *Gemelli mercasii* ou *Gemini lacunaris*, car on croit qu'autrefois *mercasium* ou *marchasium* (aujourd'hui *marchais*) et *lacum* avaient même signification » (1).

Baillet, dans sa *Topographie des Saints*, dit que le lieu où fut fondée l'abbaye s'appelait jadis *Gemellus mercasius*, ce qu'il traduit par *geminum lacunarum*, et ce que Mabillon traduit par *geminus lacus* (2).

Duplessis (3) avoue ne pas comprendre ces étymologies et il ajoute : « *Mercasius* pourrait bien venir de *mark*, ancien mot celtique ou germanique signifiant limite, frontière ». d'où dérive le mot *marché* (4).

Je sais bien qu'il existe à l'est de Rebais, près de la source du Resbac, deux petits hameaux, le Grand et le Petit-Marché, mais ces villages sont bâtis auprès de grands étangs aujourd'hui desséchés : n'est-il donc pas plus logique de dériver ce nom du vieux mot *Marchais (marcasius)*, signifiant marais?

On a trouvé, il y a quarante ans, dans un cabinet de médailles, à Metz, deux triens mérovingiens (ou tiers de sou d'or) (5), qui se

(1) Dictionnaire de Ducange.

(2) Annal. Benedict. Tome I, p. 363.

(3) Hist. de l'Egl. de Meaux.

(4) Un marché était primitivement établi à la limite de plusieurs pays.

(5) Les Mérovingiens firent frapper des sous d'or, des demi-sous et des tiers de sou, à l'imitation du solidus, du

rapportent à notre pays et jettent quelque lumière sur l'étymologie de Resbac ou *Gemellus mercasius*.

De ces deux triens, l'un présente :

Sur la face, une croix latine haussée sur un degré et le mot GEMELLOS au pourtour :

Sur le revers, les lettres M A R placées en travers, au-dessus d'un calice, entre deux croix.

L'autre triens nous montre :

Sur la face, le mot GEMELLVS et une tète de profil tournée à droite ;

Sur le revers, une croix haussée sur un degré et les mots DAGOBERTVS RE au pourtour.

M. Duchalais (1), pour rapporter à Rebais ces deux monnaies mérovingiennes, s'appuie sur le passage suivant de la vie de Saint-Aile, citée par Dom Bouquet (2) :

« *In eodem loco qui, propter geminarum lacunarum Gemellus Mercasius nuncupabatur* » : Dans un lieu qui était appelé Gemellus Mercasius à cause de deux étangs].

Ce texte est à rapprocher du *Gallia Christiana*, citée plus haut et aussi du manuscrit de Dom Germain (3) où l'on trouve : « *Monas-*

semis et du triens de Constantin. — Le sou d'or valait 40 deniers d'argent ; or, le denier d'argent vaudrait aujourd'hui 25 centimes ; le sou d'or vaudrait donc 10 francs.

(1) Revue numismatique, tome X, 1845.

(2) Historiens de France, tome III, p. 513.

(3) Biblioth. nat. — Mss. latin 11.819.

*lerium Resbacente. cui veteres Gemelli mer-
casii nomen. geminum ob lacunarum, indi-
dere* ». [Monastère de Rebais auquel les
anciens donnèrent le nom de Gemellus Mercasius, à cause de deux étangs].

Ainsi, dans ces deux triens, on retrouve le
nom de *Gemellus* et les lettres M A R, abré-
viation de Marcasius ou Mercasius : de plus.
Dagobertus re se rapportent au roi Dagobert.
qui dota richement l'abbaye lors de sa fondation (1er octobre 634).

On ne voit sur ces monnaies aucun nom de
saint, d'abbaye ou d'église : faut-il les consi-
dérer comme monnaies royales. puisqu'elles
ne sont signées que du nom du roi et de celui
du lieu ? M. Duchalais affirme qu'il est impossible, sans documents certains. de dire si un
triens émane de l'autorité royale ou ecclésias-
tique. Le nom du roi Dagobert prouve seulement que la monnaie a été frappée de son
temps.

En résumé, Rebais (*Resbacum*, *Gemellus
Mercasius*) signifie ruisseau dans une plaine
marécageuse.

Telles sont les réflexions que fait naître le
nom de Rebais. Ce point un peu délicat nous
a semblé utile à faire connaître à ceux qu'in-
téresse ce genre de recherches.

II

UN INFANTICIDE A RESBETZ

en 1668 (1)

Il y avoit une fois, à Resbetz-en-Brie, en la maison du meunier Perrin, une accorte servante, toujours joyeuse, vive et pimpante, qui faisoit tourner la tête à tous les garçons du voisinage. Le valet du moulin, beau gars s'il en fût, n'en dormoit plus lui-même. Sa besogne en alloit mal, et pendant que la tête lui tournoit comme aux autres, la roue du moulin n'en tournoit plus. Cette belle servante étoit Catherine Tourain, native de La Chapelle-Véronge, âgée de 25 ans. Sur son compte on jasoit beaucoup, et s'il en falloit croire les commères du bourg, on auroit fait un gros livre du simple récit de ses amours. Coquette et pas fière, Catherine n'étoit point cruelle avec ses amoureux : les dimanches et jours de festes, elle hantoit les danses du pays, et maint habitant l'avoit déjà surprise, causant mystérieusement le soir avec les gars

(1) *Indépendant de Seine-et-Marne*, 1876.

du village, derrière les grandes haies des chemins de traverse.

Sa réputation en souffrait : le bon renom d'une fillette est chose si fragile ! Au lavoir. au four à ban. on ne l'appela mais que *la Catho* : un beau jour, on dit tout bas. bien bas. puis on répéta tout haut. bien haut. des choses qui arrivèrent jusqu'aux oreilles de M. le bailly de Resbetz (1). lequel s'en émut et entreprit une enqueste. Les commères n'avoient pas tort : ce qu'elles disoient et racontoient étoit la vérité. La Catho avoit étouffé en cachette son enfant dans le moulin.

Elle auroit bien voulu nier, mais le chirurgien qui accompagnoit M. le bailly dans son enqueste, affirma son accouchement récent : c'étoit un homme de grand'science et qu'on devoit croire au mot. Elle avoua tout, au milieu de pleurs et sanglots. et les premières amours avec les garçons du pays et les détails de sa faute. qui firent frissonner les auditeurs quand elle raconta comment elle avait osté la vie à la pauvre petite créature du bon Dieu qu'elle venoit de mettre au monde (2).

M. le bailly. son greffier et les huissiers. qui sont gens endurcis comme on sait. avoient la larme à l'œil à l'audition du récit criminel. Puis la Catho fut amenée par quatre sergents

(1) Simon Corbillon. advocat au Parlement.

(2) Jacques Simonnet (Registre de la Paroisse de Saint-Jean.

dans la prison de Resbetz et le procureur fiscal (1) commença son procès.

De mémoire d'homme de loi, jamais procédure ne fut plus longue.

Le 10 novembre 1668, le bailly de Coulommiers, saisi de l'affaire, déclaroit Catherine Tourain « duement convaincue d'avoir caché et celé sa grossesse et accouchement, d'avoir fait mourir son enfant, et pour ce fait la condamnant à estre pendue et estranglée à une potence pour ce dressée sur la place du marché de Coulommiers ».

Catherine appela de cette sentence devant le Parlement de Paris : un mois plus tard, la Cour rendit l'arrêt suivant :

« Met l'appellation à néant, et émendant pour réparation du cas mentionné au procès, condamne icelle Catherine Tourain à estre battue et fustigée nue de verges par les carrefours et lieux accoustumez de Coulommiers, la corde au col, et à un d'iceux marquée d'une fleur de lys, de fer chaud, sur l'épaule dextre : ce fait, bannie à perpétuité du ressort du Parlement ».

On ne sait pourquoi cet arrêté ne fut pas exécuté. Bref, le 22 juin 1673, le bailly de Resbetz (2) renvoyait l'accusée et son procès devant les juges du bailliage de Meaux pour être procédé au jugement définitif.

(1) Claude de Maisonneuve.
(2) C'était alors Jérôme Le Roy.

Cette fois, l'arrêt ne se fit pas attendre. Le 8 juillet, les juges meldois rendirent l'arrêt qui décidait enfin de la Catho, toujours en prison :

« Attendu que Catherine Tourain, dite la Catho, est suffisamment atteinte et convaincue d'avoir celé, couvert et occulté sa grossesse, meurtry et faict mourir son enfant, la condamnons à faire amende honorable, la torche ardente au poing, à genoux, nu-pieds et nu-teste, devant la principale porte de l'église de Meaulx, heure et jour du marché. Là, devra déclarer à haute voix que meschamment, elle a célé sa grossesse, estouffé, meurtry et faict mourir son enfant, dont elles se repent et demande pardon à Dieu, au Roy et Justice. Ce faict, sera conduite en la place et grand marché de Meaux, là pendue et estranglée jusques à ce que mort s'ensuive, à une potence y dressée à cet effet. Son corps mort attaché à un arbre sur le grand chemin de Resbetz à Meaulx, ses biens acquis et confisquez ».

Le bourreau fit son office en présence d'une grande foule de peuple. Et longtemps après, on racontoit à Meaulx, Coulommiers et Resbetz et dans les paroisses voisines la triste fin de la Catho, et comme il est toujours dangereux pour les belles filles d'écouter les joyeux propos des garçons.

III

ARMOIRIES ET SCEAUX DE L'ABBAYE
DE REBAIS

Les armoiries de l'abbaye de Rebais se trouvent dans l'*Armorial général de France* (1) Il y est écrit :

« La communauté des religieux de l'abbaye de Rebetz porte : d'azur, à deux clefs adossées et passées en sautoir, d'or, accompagnées en pointe d'une fleur de lys de même ».

Ce même volume renferme les armoiries de :

Nicolas Le Roy, conseiller du Roy, à Resbetz ;

Celles de Charles Anceau, curé de Doue ;

Et de Claude Benoist, curé de Sablonnières ;

Celles enfin de messire Alexandre Lhuillier, écuyer, sire de Chalendos, descendant d'un président de la Chambre des Comptes, qui, en 1594, avait, au péril de sa vie, facilité l'entrée de Henri IV dans Paris (2).

Mais, pour l'histoire du pays, ces armoiries présentent un intérêt moindre que les sceaux, peu ou point connus, que l'on trouve aux Archives nationales.

Ces sceaux sont appendus à deux parchemins :

L'un, de juillet 1239, est une cession que Laurent, abbé de Rebais, fait à Thibaut, comte de Champagne, d'un usage (*usuarium*) dans la forêt de Mahant ou du Mans, près de Meaux (1).

L'autre, de 1317, est une procuration pour assister aux Etats-Généraux, sous le roi Philippe le Long, à la mort de Louis le Hutin (2).

Chacune de ces deux pièces porte un sceau de l'abbé et de l'abbaye.

Le sceau de l'abbé Laurent (1239) est ogival, à grand diamètre, mesurant 56 mm. : il représente un type d'abbé, dans une niche à colonnettes.

On y peut lire :

.... TIS R .... CENSIS

pour   *Abbatis   Resbacensis.*

Le contre-sceau offre deux têtes, de 3/4 tour-

laissa baptiser son fils aîné par l'abbé de Rebais. Caillebot de la Salle.

(1) Arch. nation. J. 203, n° 15.

(2) Arch. nat. J, 413, n° 4[11].

nées l'une vers l'autre et entourées d'une auréole, avec l'inscription :

✝ SIGNV̄. PETRI. SIGNV̄. PVL.

Signum Petri Signum Pauli (1).

A la même pièce est appendu un sceau rond : c'est celui de l'abbaye : il a 55 mm. de diamètre et présente un personnage nimbé, vu de face, à mi-jambes, bénissant de la main droite, et de la main gauche tenant une crosse. On y peut déchiffrer :

SIGILLVM SANCTI AGIL   (2).

Le contre-sceau, effacé par le temps, est absolument illisible.

L'âge a mieux respecté les deux sceaux de 1317.

L'un est celui de l'abbé Enguerrand, dont le nom ne se trouve pas dans les listes d'abbés données par D. Duplessis et par le *Gallia Christiana.*

Il est ovalaire, d'un grand diamètre de 52 mm. et laisse voir un type d'abbé, sur champ fretté ou gaufré, avec cette inscription tronquée :

. . . LV̄. FRĪS . RESBAC .

Le contresceau représente un bras tenant

____

(1) L'Abbaye était dé liée à S. Pierre et S. Paul.

(2) Saint Agile ou saint Aile fut le premier abbé de Rebais [1er mai 636 — 30 août 650].

deux clefs, sur champ fretté, avec ces mots :

S. SECRETI ABBIS. RESBACENSIS.

L'autre sceau est celui de l'abbaye.

Il est rond et offre, dans un diamètre énorme de 70 mm., un personnage nimbé (S. Aile) assis sur un trône à têtes d'animaux, et tenant en main droite une crosse d'abbé, en main gauche un livre ouvert où se lisent un A et un Ω (1).

Sur une banderole transversale est écrit : SANCT. AGILVS.

Dans le champ du sceau on remarque :

En haut, un croissant d'un côté, une étoile de l'autre :

En bas, deux quintefeuilles, l'une à droite et l'autre à gauche du trône :

Et tout autour on peut lire :

LVM. CONVENTUS. MONAST.

Au contresceau, saint Pierre est vu de face, à mi-corps et ses clefs à la main, avec ces mots :

SI. DILIGIS. ME. PASCE. OVES. MEAS.

Ce même sceau de l'abbaye, fort bien conservé, se retrouve appendu à une pièce datée datée du vendredi 7 mars 1258 : c'est Arnoul.

____

(1) Une crosse entre un A et un Ω se trouve aussi sur une monnaie de Gautier, évêque de Meaux. On retrouve cet emblème sur la monnaie des abbés de Corbie, du XIIe siècle.

prieur de Rebais. et les religieux qui demandent à Thibaut. roi de Navarre. comte palatin
de Champagne et de Brie, l'autorisation d'élire
un abbé. en remplacement de Gautier, démis
sionnaire (1).

Telles sont les pièces très curieuses que l'on
trouve aux Archives nationales.

De plus. dans des fouilles faites autrefois
par M. Flamand père, de Rebais. il a été
trouvé un petit sceau rond du xiv⁰ siècle. qui
représente une main tenant une crosse : dans
le champ sont deux roses ; autour il est écrit :

S. OFFISIALIS. RESBACENSIS.

C'est le sceau de l'*Official*. clerc qui rendait
la justice au nom de l'abbé, seigneur du pays.

Enfin, au cours de travaux faits il y a quelques années sur l'emplacement de l'ancienne
abbaye, M. Bazin, agent-voyer à Rebais. a
trouvé un petit cachet en argent bien conservé. Le sujet et l'inscription ne se rapportent guère à l'histoire d'une abbaye ; mais. si
l'on songe que certains abbés (la famille de
Lenoncourt. par exemple) menaient une vie
très peu religieuse et n'étaient guère abbés
que de nom, que des invités laïcs ont pu venir
à Rebais et y laisser ou y perdre leur cachet :
enfin que cette pièce a été découverte dans les
fondations mêmes du château abbatial ; on

(1) Arch. nation. J. 198, n⁰ 103.

peut se croire autorisé à l'ajouter aux sceaux déjà cités de notre abbaye.

Ce petit cachet rond, travaillé avec un art des plus délicats, représente l'enfant Amour, aux boucles frisées, qui d'une main laisse tomber son arc et de l'autre verse de l'eau sur un cœur enflammé. Sans doute pris de remords, le jeune Cupidon veut détruire son œuvre, mais il aura beau faire, au pourtour du cachet, il est écrit : *Il ne sesteindra iamais.*

On ne peut croire que ce soit le cachet emblématique d'un abbé de Rebais : on aime mieux penser que ce trop gracieux symbole nous est étranger et ne se rattache à l'abbaye que par le lieu même où il fut trouvé.

Tels sont les sceaux que l'on devait sauver de l'oubli. C'est, avec quelques vieux parchemins, tout ce qui reste aujourd'hui de l'abbaye de Rebais.

IV

UN ABBÉ DE REBAIS AMBASSADEUR

A ROME, AU XVIᵉ SIÈCLE

En 1555, à l'abbé Pierre Palmier (1) succédait Philibert Babou de la Bourdaisière, déjà évêque d'Angoulème, fils d'un argentier et conseiller du roi.

A cette époque, le roi de France Henri II était en guerre avec l'Espagne, où régnait Philippe II, fils et successeur de Charles-Quint. Le pape Paul IV, allié de la France, assiégé dans Rome même par les Espagnols du duc d'Albe, puis dégagé par les Français du duc de Guise, fut enfin abandonné par celui-ci après le désastre de Saint-Quentin : il dut conclure la paix en 1557. Dès lors, il suivit une politique de conciliation, ménageant à la fois Henri II et le roi d'Espagne Philippe II.

A la cour de Rome, la situation était des plus délicates, le pape impuissant et mené par

_____

(1) Pierre Palmier, ancien chanoine de la Sainte-Chapelle de Paris, avait obtenu du roi Henri II une charte pour entourer Rebais de fossés et de murailles.

ses conseillers et par son neveu, le cardinal
Carafa. Henri II, connaissant l'habileté du
nouvel abbé de Rebais, le choisit comme ambassadeur à Rome.

La santé du pape était chancelante et l'on
faisait souvent en France courir le bruit de
sa mort. De temps à autre, notre abbé tran-
quillisait son maître, et au printemps de 1558,
il lui écrivait : (1)

« Sire, ainsi que je devisais avec le cardinal Carafa à une fenêtre, j'aperçus le pape
qui passait par un jardin, marchant de son
pied assez légèrement pour son âge, et le
cardinal me dit : « Voyez comme marche ce
jeune garçon (2), avisez s'il est prêt à mourir ».

Mais bientôt mourut subitement d'une
hydropisie la reine Marie d'Angleterre, et
l'avènement de sa sœur Elisabeth entravait
singulièrement les négociations commencées
entre la France et l'Espagne. Henri II écrivit
aussitôt à son ambassadeur de pressentir le
pape à ce sujet, et il en reçut la réponse sui-
vante : « Sire, pour vous rendre un compte
sommaire de ce que j'appris à cette audience
qui fut de plus de deux heures et demie, le
pape me parla de la mort de la reine Marie
d'Angleterre (3) et de la couronnation de la reine

(1) Biblioth. nation. Manuscrits français, 3102, 3106.
(2) Le pape avait 80 ans.
(3) La reine Marie d'Angleterre avait, il est vrai, épousé

Elisabeth, sa sœur, laquelle, comme je pense, prendra mari du pays ; et il m'allégua plusieurs exemples de grandes dames d'Angleterre qui se sont mariées bassement et qui épousèrent de bien petits compagnons. Puis il tomba sur le mariage du roi Philippe d'Espagne avec ladite reine Elisabeth d'Angleterre, dont on faisait quelque bruit, affirmant qu'il ne pouvait dire s'il refuserait ou accorderait la dispense de ce mariage, puisqu'elle ne lui avait pas encore été demandée. »

Aussitôt Henri II écrit à son ambassadeur, lui dévoile les projets certains de mariage du roi d'Espagne avec la nouvelle reine d'Angleterre, et lui ordonne d'agir auprès du pape pour l'empêcher « de consentir à cette union d'un catholique avec une hérétique. »

« Il faut que je vous die, Monsieur d'Angoulême, les considérations qui ont pu mouvoir le roi d'Espagne à épouser la reine d'Angleterre, afin d'unir pour jamais l'Angleterre, la Flandre et l'Espagne par le moyen des enfants qui viendraient de ce mariage, étant elle jeune et belle et propre pour avoir enfants...

« Il n'y a homme chrétien qui puisse épouser les deux sœurs, sans dispense du pape. Si le roi d'Espagne a recours au pape pour cette dispense, je ne puis croire que sur ses derniers

le roi d'Espagne Philippe II ; mais elle était déjà très malade et plus vieille que lui de onze ans : deux raisons pour n'avoir pas d'enfants.

jours. Sa Sainteté veuille imprimer une telle tache à sa réputation de consentir à pareille chose... Je vous ai fait tout ce discours pour préparer le pape avant que les Espagnols viennent à le gagner ; et, pour ce faire, il faut que vous gagniez dextrement ses conseillers : on le chatouillera par où il lui démange. Mais donnez-vous bien garde qu'on ne puisse découvrir que cela vienne de vous, car je ne voudrais point me brouiller avec la reine d'Angleterre (1). »

Les craintes du roi de France s'évanouirent bientôt, car le roi d'Espagne, effrayé des millions absorbés par ses guerres, résolut de faire la paix avec Henri II, dont il épousa la fille Isabelle : cette union fut ratifiée par le traité de Cateau-Cambrésis, en 1559.

Le pape Paul IV mourut la même année ; son successeur, Pie IV, créa cardinal en 1561 l'abbé Babou de la Bourdaisière, qui mourut en 1570 à Rome, où il fut enterré dans l'église Saint-Louis.

(1) Revue des Documents historiques, 1877.

V.

LE ROLE D'UN ABBÉ DE REBAIS

PENDANT LES GUERRES DE RELIGION

(1590)

Philippe III de Lenoncourt, fils du comte Henry de Lenoncourt, baron de Coupvray. avait pris possession de l'abbaye de Rebais en 1563 (1).

Malgré une fortune considérable qu'augmentaient encore les revenus de son abbaye (22.000 livres), l'abbé ne pouvait satisfaire son amour effréné du luxe. Aussi en 1586, voulant se rendre à Rome pour recevoir le chapeau de cardinal, dut-il, pour faire face aux frais du voyage et paraître avec éclat à la cour du pape, emprunter une somme assez forte au sire de Kentigny, un des chefs des Ligueurs. alors gouverneur de Meaux. Pour grossir

(1) Quelques portraits de cet abbé existent à la Bibliothèque nationale [collection Clairambault, 1114]. l'un d'eux, fort remarquable. représente une belle tête, de trois quarts tournée à droite, découverte et chauve, avec une petite barbiche blanche ; c'est un dessin très habilement fait, aux crayons de couleur.

encore la somme qui lui était nécessaire, l'abbé fit enlever de son église abbatiale l'or. l'argent et les pierreries dont les châsses étaient ornées (1).

Pendant quatre ans. Rentigny réclama son argent, mais il n'obtint rien : il entreprit alors une petite expédition pour son propre compte. Ne pouvant se faire payer de l'abbé, il imagina d'aller se payer lui-même aux dépens de l'abbaye. Parti avec cent hommes d'armes (10 octobre 1590), il se dirigea sur Rebais, surprit la petite ville. que protégeaient depuis 1555 des fossés et des murailles, emmena prisonniers l'abbé de Lenoncourt. Nicolas Le Roy, prévôt de Meaux et autres gens et mit garnison dans l'abbaye, « sans permettre qu'il fût rien transporté jusqu'à ce qu'il en eût donné arrêt à M. du Maine. » (2)

Cependant, notre abbé tâchait d'effacer les taches de sa vie privée par des négociations dont la réussite aurait promptement terminé la guerre civile qui, depuis longtemps, désolait la France. Aidé du cardinal de Vendôme. il essaie un rapprochement entre catholiques et protestants et prêche la paix religieuse dans une lettre adressée à tous les évêques. mais il s'attire aussitôt une courte réponse, véri-

(1) D. Toussaint Duplessis, *Hist. de l'Egl. de Meaux.*

(2) **Mémoires de Lenfant.**

table pamphlet, dont voici quelques passages :

« Nous avons eu bon compte de vos lettres adressées à Messieurs les évêques de Fréjus, Senlis et autres. La diligence (soin) que vous avez faite d'en envoyer plusieurs copies et de les faire courir partout pour en publier les oracles nous a relevés de la peine que nous eussions eue de les chercher. Et comme elles font jugement de ce que vous portez à l'intérieur de votre âme, nous vous dirons premièrement (et excusez notre rondeur) que nous n'attendions pas cela de vous, au moins du premier de vous deux (de Vendôme) : car de l'autre (de Lenoncourt), il y a longtemps qu'on savait tout ce qui en est et l'on n'en fait pas grande estime. On espérait de vous quelque chose de mieux.

« Dans ces lettres, nous avons bien remarqué le zèle que vous dites porter au repos général de ce pauvre affligé royaume ; mais nous sommes étonnés de la façon dont vous usez de chercher le salut d'un seul au hasard au hasard de tant de milliers.

« Vous êtes mal catéchisés de penser que le salut du roy soit par dessus celui du peuple, encore qu'il soit légitime. Et ne nous dites plus ce mot que Dieu l'avait fait naître

roy : cette parole est trop hardie. elle n'est
pas vraie en général.

« Jamais homme ne fut né roy, sinon Jésus-
Christ.

« Car les roys ne le sont pas par nature.
qui nous a faits tous naitre égaux. et vous,
Messieurs. comme les autres. Cela n'est que
du droit des gens ; c'est aux états de l'ordonner Roy, à condition d'y voir les qualités
requises et sans se dépouiller du droit qu'ils
ont de le changer quand ils le voudront. Nous
connaissons trop le vieux proverbe : *Chacun
se fait Roy comme il peut, puis s'y gouverne
comme il veut....* Après ce que vous avez fait.
nous croirions en vos paroles ? Ce sera quand
vous ferez mieux, quand vos taches de léo-
pard, quand votre peau d'Egyptien sera chan-
gée en une autre.

« On dira que ce sera tard. eh bien, nous
ne nous hâterons pas non plus.

« Et cependant, si vous êtes pressés, nous
vous dirons : Messieurs. allez ailleurs pour
vendre vos coquilles. » (15 janvier 1590). (1)

La tentative de Philippe de Lenoncourt
n'eut aucun succès ; la guerre religieuse con-
tinua et l'abbé n'en put voir l'issue : il mourut en 1592. un an avant l'abjuration de
Henri IV.

Son corps fut enterré dans l'abbaye de

Rebais et son cœur dévoré, dit-on, par les chiens (1).

Quelques années auparavant. suivant un facile usage de conserver de gros bénéfices ecclésiastiques. il avait cédé son abbaye à un sien neveu, digne successeur de son oncle, et dont la vie, toute de débauches. fait un triste épisode de l'histoire de notre abbaye.

(1) D. Toussaint Duplessis — *Histoire de l'Eglise de Meaux. — Gallia Christiana*, tome VIII. col. 1679.

VI

LE MARCHÉ DE REBAIS
AU XVIIIᵉ SIÈCLE.

Au commencement du xviiiᵉ siècle, il se faisait à Rebais un grand commerce de grains : le marché était fort animé, l'un des grands centres d'approvisionnement de Paris. Chaque mardi, il pouvait fournir 100 muids de blé (1), autant que Meaux et Melun, plus que Coulommiers et Provins (50 muids), plus que Tournan et Rozoy (12 à 25).

La plupart des cultivateurs de la région venaient à ce marché et désertaient celui de Coulommiers ; la cause de cette prospérité était le prix modique du minage (2) que l'on percevait à Rebais.

A Coulommiers, le droit de minage s'élevait à un sol 8 deniers par setier ou huit boisseaux, c'est-à-dire à deux deniers et demi

______

(1) Le muid vaut 250 litres.

(2) On appelait ainsi, dans chaque marché, le droit que, pour le mesurage des grains, le seigneur touchait sur chaque mine de blé, d'avoine, etc.

par boisseau ; — à Rebais, il n'était que d'un denier par boisseau (1).

Voyant s'accroître la prospérité de leur commerce, les habitants de Rebais sollicitèrent en 1709 l'établissement d'un marché franc le premier mardi de chaque mois, et d'un second marché le samedi de chaque semaine.

Voici la requête qu'ils adressèrent au roi le 2 juillet 1709 : (2)

« Les habitants de la ville de Rebetz en Brie demandent qu'il plaise à Sa Majesté ordonner qu'il sera estably un marché franc en la dite ville pour estre tenu tous les premiers mardis de chaque mois, à l'instar de celui qui a esté estably en la ville de Montmirel : comme aussy qu'outre le marché ordinaire qui se tient audit lieu tous les mardis de chaque semaine, il en sera estably un autre tous les samedis pour la vente des grains seulement.

« Il y a à Rebais un marché ordinaire qui se tient tous mardis de chaque semaine, et où il se débite une grande quantité de blé, pour la provision de Paris. On prétend que, pour faciliter davantage cette provision, il serait très important d'y établir un second marché qui se tiendrait le samedi. Par l'établissement de ce marché, la ville de Paris recevrait un nouveau secours, en ce que les blés qui au-

(1) De la Mare, Traité de la Police, 1710, tome II.

(2) Arch. nat.. Contrôle général des Finances, G. 7. 436.

raient été au marché du mardi seraient con-
duits au port et chargés les deux jours sui-
vants.

« Les laboureurs et marchands seraient
même excités et apporteraient volontiers
leurs blés à Rebais. Présentement qu'il n'y a
que le marché du mardi. s'il arrive que le blé
n'ait pas été vendu, il faut attendre à la hui-
taine pour le débiter ; mais, en mettant un
deuxième marché le samedi, il n'y aura que
trois jours à attendre. Il faut observer qu'on
ne demande ce second marché que pour les
grains. Du reste. on prétend que ce marché
du samedi dans la ville de Rebais ne fera
aucun préjudice aux marchés voisins : celui
de Montmirel se tient le lundi. celui de La
Ferté-Gaucher le jeudi, ceux de La Ferté-
sous-Jouarre et de Villeneuve le vendredi. Il
est vrai qu'il y en a un le samedi au village
de Doue. mais il ne s'y vend que des denrées
et point de grains. A l'égard du marché franc,
il sera fort utile au public. en ce que les forains
qui n'auraient pas débité leurs marchandises
à Montmirel le lundi, pourraient les porter à
Rebetz le lendemain : et si elles n'y étaient
pas vendues, elles le pourraient encore être le
lendemain mercredi à Coulommiers. On voit
par l'expérience que ces sortes de marchés
francs pour les grains y attirent l'abondance,
et comme le lieu de Rebais est un de ceux qui
fournit le plus Paris. il y a lieu d'espérer que

cette ville capitale en recevrait bientôt du soulagement. »

Cette demande de marché franc fut exaucée et une grande halle couverte, construite la même année 1709, ne disparut qu'un siècle et demi plus tard, lorsque, le 6 octobre 1871, le Conseil municipal, à l'unanimité, en vota la démolition : elle menaçait ruine. Quant au marché du samedi, je ne sais s'il fut accordé.

Mais ce beau temps ne dura guère : 80 ans plus tard, au début de la Révolution, une longue supplique adressée à Mgr Bertier, intendant de la Généralité de Paris, par les habitants de Rebais et des communes voisines (Saint-Denis, Saint-Léger, La Trétoire, Orly et Boitron), fait voir dans quel état lamentable était réduit le marché de Rebais (1) :

. . . . « Le commerce du pays languit singulièrement, ce qui fait souffrir non-seulement les cultivateurs, mais même l'artisan et le journalier. On ne peut plus s'opposer au dépérissement du marché, autrefois si fréquenté et l'un des plus considérables de la Brie pour les grains. La raison de ce changement est l'inaccessibilité des chemins et notamment des entrées de Rebais, qui sont devenues impraticables pendant la majeure partie de l'année pour les voitures, chevaux et même gens de pied. — Ce considéré, qu'il plaise à Votre Grandeur écouter favorable-

(1) Livre de la Municipalité.

ment les plaintes des suppliants. leur donner
l'autorisation de réparer par corvées les chemins des entrées de la ville et les dispenser
de toutes autres corvées : — et les suppliants
continueront leurs vœux pour la conservation
des jours de Votre Grandeur.

> « COUVERT, *premier échevin ;*
> REMIOT, *deuxième échevin;*
> DERGEZ, GIRARDIN, TRAN-
> CHARD, THOMAS, ROUARD,
> *conseillers de ville.* »

Mais la Révolution. renversant toutes les
vieilles institutions, faisait disparaître de ce
pays l'abbaye et l'école militaire. Ainsi étaient
taries deux sources de la prospérité de
Rebais.

Enfin, il y a vingt ans, le commerce local,
peu à peu diminuant, reçut le dernier coup
quand fut consruit le chemin de fer de Coulommiers : cette ville devint désormais le
centre du commerce de la région.

Du marché au blé de Rebais, il reste à peine
un souvenir ; à son tour a disparu, il y a
quinze ans. la vieille halle, dernier témoin de
son ancienne prospérité.

J'ai voulu le faire revivre un instant dans
cet essai d'oraison funèbre.

VII.

UNE VISITE DE L'ÉVÊQUE DE MEAUX

A REBAIS, EN 1787.

L'**évêque**, M. de Polignac, arriva à Rebais le 19 juillet. à midi. Plusieurs coups de canon annoncèrent à toute la ville que le prélat venait la visiter : vingt-cinq cavaliers et trente fantassins bourgeois allèrent au-devant de l'évêque et le rencontrèrent au bois de Saint-Ouen.

L'un d'eux se détacha pour annoncer son arrivée ; une seconde décharge de canon répandit cette nouvelle et il ne resta plus dans la ville que les vieillards et les enfants. M. de Polignac descendit de voiture à l'entrée du faubourg et y fut complimenté au nom de tous les citoyens par le capitaine de cavalerie Collot fils, chirurgien-major de l'Ecole militaire.

A la porte de la ville, Gilles Maussion, curé de Rebais, reçut le prélat, auquel il adressa un long compliment en latin.

Puis on conduisit l'évêque à la paroisse, escorté par tous les habitants sous les armes, formant une compagnie d'infanterie et une de cavalerie.

Quand le prélat eut fait prière à l'église paroissiale et aspergé d'eau bénite la foule de peuple qui suivait, on se rendit à l'abbaye.

Là, sous un arc de triomphe, se présentaient rangés sur deux haies les élèves de l'Ecole militaire, au nombre de deux cents ; ils avaient à leur tête les religieux aux soins desquels ils étaient confiés (1).

En l'absence du Prieur, le sous-prieur, Dom Becquart, reçut l'évèque à la porte de l'Ecole et le salua en ces termes :

« Monseigneur,

« J'ai l'honneur de vous présenter, à l'entrée de ce temple consacré par un de vos prédécesseurs (2), les respects et les hommages d'une communauté qui sans cesse y fait des vœux pour la conservation des jours de Votre Grandeur. Votre auguste présence en cette maison nous remplit de la joie la plus vive. Nos élèves la partagent avec nous : ils chantent comme autrefois les enfants des Hébreux à la glorieuse entrée du Sauveur à Jérusalem : « *Béni soit celui qui vient au nom du Seigneur.* » S'ils ne portent pas comme eux les palmes à la main pour marquer leur triomphe, ils y tiennent des cœurs

____

(1) Almanach de Meaux, 1788.

(2) Saint Faron, évêque de Meaux.

pour vous les offrir. et j'ose vous promettre, Monseigneur. qu'ils seront aussi reconnaissants du grand bienfait dont vous venez embellir leur âme, que les Hébreux furent ingrats envers leur divin maître. »

Le lendemain, l'évêque reçut la visite du corps municipal. composé de Corbilly père, premier échevin. Joly. deuxième échevin, Bridou. receveur-syndic et Carré. secrétaire greffier.

Après dîner. il se rendit à la salle d'exercices de l'Ecole militaire. que les élèves avaient en soin de parer et d'illuminer. Le prélat fut agréablement surpris d'y lire. au fond d'une grotte artistement ménagée. l'inscription : *Vival Polignac !*

Puis les élèves chantèrent le compliment suivant. mis en musique par le curé de Boitron, M. Lemarle :

Reçois, prélat chéri, ce tribut de l'amour,
De l'amitié respectueuse et pure.
Ton auguste présence embellit ce séjour,
Comme l'astre du jour embellit la nature.
Nous l'aimions sans le voir, nous l'aimions encor plus :
Et le ciel aujourd'hui, de sa divine flamme,
Veut que nous y placions ton nom et tes vertus.
Ton aïeul (1), soutenant qu'elle était immortelle,
Semble avoir travaillé pour toi,
Après les temps encore elle louera ton zèle,
Pour conduire les tiens et servir ton roi.

(1) Le cardinal de Polignac. auteur du poème : *L'Anti-Lucrèce.*

A son départ de Rebais, le 21 juillet, l'évêque fut reconduit jusqu'à la porte de la ville par le clergé et les élèves de l'Ecole, qui jusqu'alors avaient formé sa garde.

VIII.

L'ÉCOLE MILITAIRE DE REBAIS

PENDANT LA RÉVOLUTION (1789-1793)

Vers la fin du xviiie siècle. l'abbaye de Rebais. parvenue à cet âge où les institutions comme les hommes subissent l'influence du temps, était déjà frappée de caducité. avant courrière d'une fin prochaine. On essaya pourtant à cette époque de relever l'éclat du vieux monastère.

En 1767, le prieur de l'abbaye, D. Druon, envoyait deux notables de Rebais (1) en mission à Paris pour demander l'établissement d'un collège avec pensionnat. sous la direction des Bénédictins : l'autorisation fut accordée. Sept ans plus tard, un édit de Louis XVI mettait fin à la situation provisoire de l'établissement nouvellement fondé et en assurait l'existence encore incertaine. En effet, le comte de Saint-Germain. alors ministre de la guerre, qui trouvait les écoles militaires

(1) Dergez et Rémiot.

de Paris et de La Flèche trop luxueuses et leur entretien trop coûteux, décida leur suppression et en dispersa les élèves dans dix collèges dirigés par des religieux Bénédictins, Oratoriens, etc. (1).

A Rebais, cinquante élèves du roi arrivèrent le 27 avril 1776 et furent bientôt suivis d'un grand nombre d'enfants venus de tout le pays d'alentour. L'instruction prit alors un grand développement : des laïques mêlés aux religieux y vinrent enseigner : écriture, langues française, anglaise et allemande, mathématiques, histoire, géographie, dessin, danse et musique ; rien n'y manquait, si ce n'est l'équitation, étrange lacune dans un programme d'Ecole militaire.

En 1787, on comptait à Rebais 55 élèves du roi, 139 pensionnaires (dont 92 gentilhommes) et 11 externes : au total 205 élèves (2). La florissante situation de l'école persista jusqu'à la Révolution. Mais avec 1789 s'ouvre une ère nouvelle : l'ancien régime s'écroule, entraînant dans ses ruines la vieille société, pour faire place à une rénovation complète des hommes et des choses.

---

(1) De Montzey. — Institutions militaires avant 1789. — Ces dix collèges étaient, avec Rebais : Brienne [diocèse de Troyes], Pont-à-Mousson [Toul], Tiron [Chartres], Beaumont [Lisieux], Vendôme [Blois], Pont-le-Voy [Blois], Effiat [Clermont], Sorèze [Lavaur] et Tournon [Valence]. — Plus tard, on y ajouta ceux d'Auxerre et La Flèche.

(2) De Montzey.

Avec cette société devait sombrer l'abbaye, vieille de douze siècles, et du même coup l'Ecole militaire qu'elle abritait.

Le monastère de Rebais fut atteint par la confiscation générale qui frappa toutes les propriétés ecclésiastiques. Le 2 novembre 1789, sur la proposition de Mirabeau, un décret de l'Assemblée nationale mettait les biens du clergé à la disposition de la nation, à la charge de pourvoir aux frais du culte et à l'entretien de ses ministres. Aussitôt, les religieux de l'Ecole militaire envoient à l'Asssemblée une adresse, la priant de recevoir leur soumission à ses décrets : ils croient que l'instruction et la doctrine qu'ils doivent à leurs élèves exigent qu'ils y adhèrent d'une manière plus expresse, et ils demandent d'être déclarés habiles à remplir les chaires de l'enseignement public, avec la moitié seulement des honoraires attachés à ces places.

Quelques mois après (avril 1790), le principal du collège, ancien prieur de l'abbaye, D. Grandidier, que les citoyens de Rebais venaient de nommer maire, comparaît devant le Conseil général de la commune, ainsi que plusieurs professeurs (1).

Tous déclarent qu'ils désirent se conformer au décret de l'Assemblée nationale supprimant les corps religieux ; ils affirment ne vouloir

(1) Livre de la municipalité de Rebais, 1790.

rester que dans la maison tenant l'Ecole militaire.

En même temps, l'un des professeurs, Bonnert, maître de langues étrangères, qui était imposé depuis huit ans, demande, quoique étranger, le titre de citoyen actif (ce qui lui est accordé), et il offre une somme de 150 livres en don patriotique. Mais bientôt (2 décembre), quelques professeurs demandent à quitter l'École pour se réfugier dans leurs familles ; or, l'Assemblée nationale venait de décider que les religieux chargés de l'instruction publique ne pourraient quitter leurs fonctions que six mois après leur demande.

L'un d'eux, Nicolas Baron, professeur depuis quatre ans, voulait se retirer à Charly, près de sa mère malade. Il devint plus tard vicaire de ce pays, se maria et fut élu maire en 1792 (1).

Cependant, l'Assemblée avait déclaré nationaux tous les biens ci-devant ecclésiastiques, et le Conseil de la commune de Rebais avait présenté sa soumission pour l'achat de la maison religieuse et de l'abbaye, en offrant une somme de 10.800 livres.

Aucun conflit ne s'était encore élevé entre le Conseil de la commune et l'administration de l'Ecole : les religieux avaient bien essayé de se soumettre aux décrets de l'Assemblée et au régime nouvellement établi, mais en fait

(1) Dr Corlieu, Histoire de Charly-sur-Marne.

il persistait chez eux une sourde animosité contre la municipalité, qui attendait avec impatience une occasion d'intervenir dans les affaires de l'Ecole.

Elle ne tarda guère à s'offrir. En janvier 1791, sur la foi de dénonciateurs intéressés, la municipalité, apprenant que la division régnait entre professeurs et principal et que leur conduite était un mauvais exemple pour les élèves se transporta au collège militaire, escortée d'une partie de la garde nationale. On fit demander les ex-religieux professeurs; plusieurs se présentèrent, mais le principal était absent. Le sous-principal, D. Becquart, fit remarquer à la municipalité qu'elle n'avait pas le droit de veiller à la police de la maison sans un mandat du district de Rozoy : il ajouta qu'il détenait dans la prison du collège trois pensionnaires, dont deux enfants de députés, Bellot et Regnard, et un élève du roi, Castillon : qu'il n'avait sur ce motif aucun compte à rendre à personne et qu'il les ferait garder un mois et même un an, si bon lui semblait. Les officiers municipaux, irrités, constatent qu'on a violé la liberté des citoyens et se retirent en dressant procès-verbal (1).

Le même jour, les scellés étaient posés à la chapelle du collège, et, détail curieux, on y mit le sceau de l'ancien seigneur et abbé (2).

(1) Livre de la Municipalité.
(2) De l'éguilhen de Larboust fut le dernier abbé de Rebais.

Pour se conformer au nouveau décret de l'Assemblée nationale (janvier 1791), les douze religieux-professeurs prêtèrent le serment civique dans l'église paroissiale, en présence de la municipalité et d'une grande foule de citoyens. Tous juraient d'être fidèles à la nation, à la loi et au roi et de maintenir la Constitution de tout leur pouvoir. Déjà, six professeurs avaient demandé de quitter le collège, en offrant chacun un don patriotique de 54 livres : les chaires de ces religieux partis furent remplies par des laïques que l'administration du département, devenue maîtresse du collège, avait envoyés pour que les études ne fussent pas interrompues.

A cette époque, la municipalité fut invitée à dresser la liste des maisons religieuses existant dans la commune : elle rédigea à l'Assemblée nationale une longue adresse, demandant la conservation de l'Ecole militaire :

« Le vœu général de la commune est l'existence du Collège, seule ressource pour les habitants : aussi la commune a racheté les deux maisons de l'abbaye à un prix exorbitant pour se conserver le Collège et subvenir aux besoins des malheureux qui y sont employés (1). »

La pétition est accompagnée d'une description détaillée du Collège, avec ses salles

(1) Livre de la Municipalité.

d'études. réfectoires, dortoirs, salles de danse et d'escrime. cours et jardins, infirmerie, boulangerie, basse-cour. écuries. vacheries et laiterie. « Tous ces bâtiments sont d'une utilité indispensable pour un établissement consacré à la jeunesse dont les besoins ne pourraient être satisfaits qu'à frais immenses dans un endroit qui offre peu de ressources. La pension des élèves du roi (au nombre de cinquante) a été fixée en 1776 à sept cents livres sans variation : celle des pensionnaires a été augmentée de cent livres depuis deux ans ; moyennant ce prix, ils sont entretenus, soignés, nourris, chauffés, blanchis et instruits. Les administrateurs du collège, ci-devant bénédictins. sont au nombre de douze : un principal. un procureur-économe et dix professeurs et préfets. aidés de dix-huit professeurs laïques : tous les ci-devant religieux ont prêté. comme fonctionnaires publics, le serment concernant la constitution civile du clergé.... Trente pauvres infirmes et mineurs reçoivent journellement du collège la soupe et la viande et autres charités telles que bas. linge, culottes, vestes, souliers, chapeaux. etc... »

Cette adresse était signée de : Tranchard, maire. Daubigny, Remy. Lefèvre, officiers municipaux. Lourdin, Fosse, Bachellier, notables.

La municipalité s'inquiétait aussi des sentiments assez peu républicains de Grandidier et de quelques professeurs, qui durent prêter à nouveau le serment civique.

Pour stimuler leur zèle, elle invita tous les citoyens à se rendre dans la cour de l'Ecole, et là, devant professeurs et élèves rassemblés, on planta un arbre de la Liberté.

Mais en 1792, les événements vont se succéder rapidement : déjà, le duc de Brunswick a lancé son insolent manifeste et les Prussiens sont à Verdun. La France tout entière se lève en armes pour défendre la patrie en danger et chasser l'envahisseur.

A Rebais, Defrance, médecin de l'Ecole militaire et premier officier municipal, prononça sur la place publique un discours sur la Patrie en danger et reçut les demandes d'enrôlements volontaires (1).

Quelques jours auparavant, une députation de Rebais, conduite par les citoyens Bridou, Savreux et Leroy, était admise à la barre de l'Assemblée législative (5 août 1792). Bridou, orateur de la députation, y dépose une pétition relative à la conservation de l'Ecole militaire : il fait, au nom de la commune et des professeurs et élèves de l'Ecole, une offrande patriotique de 160 livres, pour contribuer aux frais de la guerre.

(1) Defrance, d'abord officier municipal de Rebais, fut élu juge de paix du canton, en novembre 1790. Sa femme cultivait la poésie lyrique : elle a laissé une traduction en vers des Odes d'Anacréon et des Idylles sur l'enfance et l'amour maternel. [Biographie universelle de Michaud].

Les citoyens de Rebais furent admis aux honneurs de la séance et leur pétition renvoyée au Comité d'instruction publique (1).

Le 8 septembre, Defrance était élu député de Seine-et-Marne à la Convention (2).

Trois jours après, pour compléter l'armement de sa garde nationale, la municipalité faisait construire des affûts en chêne pour les quatre couleuvrines qui restaient à monter et faisait réparer les fusils des élèves, que lui avait offerts le principal du Collège. Trois de ces couleuvrines subsistent encore aujourd'hui : elles sont à Rebais l'auxiliaire indispensable de toute réjouissance publique.

Mais le danger croissait : on exigea un nouveau serment civique des professeurs et les élèves mêmes furent tenus de le prêter. Ceux-ci, du reste, devenaient plus turbulents : ils se plaignaient de la mauvaise administration de l'Ecole et d'une « méchante nourriture » ; de là des cris, des sifflets et quelques vitres cassées. Cette insurrection fut facilement réprimée par la simple apparition de la municipalité qui, pensant l'insurrection « plus conséquente », avait amené un détachement de la garde nationale (3).

Avec 1793, apparaît la Terreur : dès lors, il

(1) Ancien Moniteur.

(2) Th Lhuillier. — *Le Département de Seine-et-Marne à la Convention.*

(3) Livre de la municipalité.

ne suffisait plus de prêter le serment civique,
il fallut aussi un certificat de civisme, qui fut
délivré à tous les professeurs et à divers pensionnaires.

Déjà les familles s'inquiétaient du sort des
élèves et la municipalité s'efforçait de les ras-
surer : plusieurs parents voulant retirer leurs
enfants, le comité central défendit d'en laisser
partir aucun sans avis préalable.

Le 18 mars, on procéda à des enrôlements
volontaires et deux jeunes gens de Rebais,
Bachellier et Rouard, se présentèrent pour
remplacer deux professeurs, Biziaux et Benoît
Grandidier, neveu du principal. Mais il fallait
compléter le contingent, soit 21 conscrits, et
personne ne se présentait plus pour s'enrôler
de bonne volonté : on dut tirer an sort. Parmi
les jeunes soldats ainsi désignés étaient deux
élèves de l'Ecole : Castillon, pensionnaire, qui
partit à la frontière, et Croisille, qui fut rem-
placé.

Ce dernier fut ainsi noté dans l'état des
élèves dressé par ordre de la Convention :

« Il avoit été désigné par le sort pour marcher contre les ennemis de la République :
ses parens l'ont fait remplacer ; le ministre a
ordonné qu'il leur fût rendu et qu'il fût rayé
de l'état des élèves. »

On se plaignait encore de l'incivisme et de
l'aristocratie de quelques pensionnaires : le
procureur du district de Rozoy invita la mu-

nicipalité à se rendre à l'Ecole pour prendre des renseignements, et le 26 mai. le citoyen Bridou, maire, dans un discours patriotique, prouva aux élèves de la nation les avantages de l'éducation républicaine.

« Vous ne devez plus, leur dit-il, compter sur la vanité de votre naissance ou de vos anciens titres : ces privilèges, enfantés par la tyrannie, ont été détruits... La désobéissance à vos supérieurs, sous prétexte de liberté, est un acte réel d'incivisme, et si quelqu'un de vous s'en rend coupable, il sera indigne de conserver les bienfaits de la nation et chassé du Collège. » (1)

Mais ces menaces d'expulsion étaient inutiles : la dernière heure de l'Ecole allait bientôt sonner.

Le 18 juin. à la Convention, Lakanal, au nom du Comité d'instruction publique, proposait le projet de décret suivant : (2)

« Les Ecoles militaires étaient un des monuments élevés par le despotisme à l'orgueil et à la vanité. Des hommes, qui semblaient naître grands seulement pour se dispenser de l'être, recueillaient les fruits de cette institution et en excluaient la classe des citoyens qui en supporte tous les frais.

« Aujourd'hui, les Ecoles militaires sont ouvertes aux enfants des citoyens armés pour

(1) Livre de la municipalité.
(2) Ancien Moniteur.

la liberté ; il est donc de la justice nationale de protéger ces établissements jusqu'à ce qu'ils soient utilement remplacés par l'éducation républicaine que vous allez fonder. Aussi je vous propose d'appliquer à ces Ecoles la loi du 8 mars 1793, ordonnant la vente des biens affectés à l'instruction publique. à l'exception du local de ces établissements. »

La Convention décrète la vente des biens affectés à l'Ecole militaire de Paris et aux douze collèges qui en dépendent et fait dresser un état des élèves de ces colléges.

Cet état (de mars 1788 à décembre 1792) était précédé de quelques observations :

« Tous les enfants de cette liste sont fils de nobles et probablement d'émigrés, du moins en partie. Le privilège qu'ils avaient d'être admis aux emplois militaires en sortant des Collèges est détruit ; ils ne peuvent plus y prétendre que comme les autres citoyens. Des considérations qui ont déterminé la fondation de ces écoles, il n'y a que celle de la pauvreté qui puisse être maintenue ; mais ce n'est pas assez d'être sans fortune aujourd'hui, il faut encore être patriote, aimer la Révolution et le prouver par des actes extérieurs. D'ailleurs, ces enfants, nés de parents prétendus pauvres, ont presque tous une subsistance patrimoniale assurée. Un arrêt du Conseil de 1790 a dispensé des preuves de

(1) Brochure de 50 pages. Bibliothèque nat., L. 211, f. 1.

noblesse pour être admis à ces écoles, mais il exige qu'on soit fils de militaire. Aujourd'hui cette condition est inutile, car tous les citoyens sont militaires, et l'on doit exclure les aristocrates, qui sont indignes de servir la patrie. Tous ces enfants, comme nobles, sont exclus des fonctions publiques, au moins jusqu'à ce que, par une conduite patriotique, ils aient fait oublier le malheur de leur naissance et **les préjugés dans lesquels ils ont été élevés. La République** n'a aucun intérêt de donner une éducation gratuite à des enfants sur la reconnaissance desquels elle ne peut compter tandis que leurs **parents** font *peut-être* des **vœux** contre la Révolution et ne sont peut-**être** pas innocents des troubles intérieurs qui retardent ses progrès.

« La Convention est appelée à prononcer sur la sort de ces enfants et sur leur remplacement. »

Suit la liste des 661 élèves répartis dans les douze collèges.

On en comptait 51 à Rebais, et parmi eux :

Defrance (fils du médecin de l'Ecole militaire), qui fit toutes les campagnes de l'Empire, devint général de division en 1811 et se signala au combat de Montmirail. Plus tard Louis XVIII le nomma comte et inspecteur général de la cavalerie (1).

[1] Biographie universelle de Michaud.

Hatte de Longuerue (fils d'un maréchal de camp aux Indes), qui, en 1814, fut nommé colonel par Napoléon Ier à la bataille de Montereau ;

De Cissey ;

De Martimprey ;

Arrighi de Casanova, cousin de Napoléon Ier, qu'il accompagna dans toutes ses campagnes. Il fit d'abord partie de l'expédition d'Egypte ; à l'assaut de Saint-Jean-d'Acre, une balle lui coupa la carotide (1) et Larrey parvint à le sauver en comprimant le vaisseau divisé : ce succès chirurgical est un de ceux qui font le plus honneur au talent du grand chirurgien. Tour à tour général de brigade, duc de Padoue, puis général de division, il devint en 1815 gouverneur de la Corse (2).

Cependant, les levées d'hommes se faisaient plus nombreuses ; déjà deux professeurs de l'Ecole, désignés par le sort pour marcher à la frontière, s'étaient fait remplacer ; mais on avait décidé que tout citoyen désigné paierait la dette de sang qu'il devait à son pays.

Le Conseil de la commune de Rebais s'émut de cette décision, et, dans une pétition adressée au département, il fit observer que les exemptions militaires accordées aux fonctionnaires publics, devaient l'être aussi aux insti-

[1] C'était la carotide externe. [Larrey, *Mémoires de chirurgie militaire*].

[2] Biographie des hommes du jour, 1839.

tuteurs des collèges nationaux. « L'instruction, si utile à la République. éprouverait une perte irréparable. si les instituteurs étaient obligés de satisfaire à la réquisition. »

On espérait, en conservant les professeurs, sauver l'Ecole de la ruine. ou du moins retarder l'imminence de sa chute.

Mais quatre jours après (9 septembre 1793), la Convention nationale décrète :

ARTICLE PREMIER. — Les Ecoles militaires sont supprimées ;

ART. 2. — L'Ecole militaire d'Auxerre est conservée provisoirement, comme établissement libre d'instruction publique.

Un député demandait une exception pour les Ecoles de La Flèche et de Vendôme ; un autre pour celle de Pont-le-Voy (1).

La cause de l'Ecole de Rebais ne fut même pas défendue par Defrance.

A cette nouvelle, la municipalité, irritée de la prochaine disparition de l'Ecole et croyant qu'une mauvaise administration est la cause de cette suppression, veut en rendre responsables le principal et l'économe. Ceux-ci se plaignent qu'on ait supprimé leur pension parce que la situation financière de l'Ecole était devenue difficile.

Ils font observer que le départ de 120 pen-

[1] Ancien Moniteur.

sionnaires a causé une dépense de trousseau de 30,000 livres ; qu'il est resté au Collège autant de maitres et moins d'élèves, de là recette moindre et même dépense. Ils employaient au soutien du Collège un revenu de 25,000 livres dont ils étaient propriétaires, et en 1791. on leur avait confisqué la récolte de la moitié des terres ensemencées. Il leur est maintenant impossible de faire subsister la maison si le département ne vient à leur secours. et ils sont décidés à quitter leurs fonctions, en remettant à la municipalité le soin des élèves et les pensionnaires à leurs parents.

Le Conseil de la commune voulait encore essayer de conserver à Rebais son Collège, unique ressource du pays, qui perdrait, s'il en était privé, son commerce et son industrie ; il consulta le Directoire départemental sur les moyens de remplacer les administrateurs et professeurs de l'Ecole et de liquider les dettes énormes qu'a nécessitées l'augmentation du prix des denrées.

Le Conseil du département fit droit à cette demande et le 29 septembre. autorisa le district de Rozoy à nommer un nouvel économe. On prescrivit un inventaire des effets et des meubles, qui resteraient sous la garde de l'économe et de la municipalité et le citoyen Daubigny fut désigné pour régir provisoirement la maison « en bon père de famille », jusqu'à ce qu'il eût été statué sur le remplacement des religieux (1).

Quelques jours après l'arrêt de mort de l'Ecole, quelques-uns de ses maîtres étaient poursuivis. Dubouchet, représentant du peuple à Coulommiers, faisait arrêter comme suspects et conduire à Rozoy : Bonnert, professeur de langues étrangères, puis Grandidier, le principal, et Boucher, l'économe (8 octobre). Ils restèrent incarcérés jusqu'à la fin de l'enquête ouverte sur leur administration.

Cependant, un grand nombre d'élèves avaient quitié l'Ecole, réclamés par leurs familles inquiètes, et quelques professeurs étaient partis sans qu'on les remplaçât : tout annonçait la ruine inévitable.

Une des grandes salles du Collège était prise pour les réunions de la Société populaire qui s'était récemment fondée « pour propager l'esprit révolutionnaire ».

Deux professeurs, Delacourcelle et Santerre, maîtres de musique tous deux, étaient élus membres du comité de surveillance, mais ils donnèrent leur démission pour conserver leurs fonctions à l'Ecole (26 nivôse an II).

Bientôt se terminait, sans résultat, l'enquête ouverte sur l'administration et les comptes financiers du principal et de l'économe : un décret du citoyen Maure, représentant du

1, Livre de la Municipalité.

peuple, ordonna la mise en liberté de Grandidier, Boucher et Bonnert « sans préjudice des faits non allégués ou des motifs postérienrs. »

La situation financière de l'Ecole qui, en 1789, était si florissante, devenait de plus en plus critique : les comptes de l'économe en font foi : (1)

Les recettes, qui étaient de 37,000 livres environ pour le dernier trimestre de 1789, s'élevaient en 1790 à 121.000 livres, pour s'abaisser en 1791 à 99,000, ne plus atteindre que 90,000 en 1792 et tomber enfin à 52,000 (de janvier à fin octobre 1793).

D'autre part, les dépenses, dont le chiffre atteignait 47,000 livres (2e trimestre 1791). montaient à 99,000 en 1792 et à 54.000 pour les neuf premiers mois de 1793.

Dans un compte établi par l'économe au 16 décembre 1772, figure 20,000 livres, montant des pensions d'élèves non payées par les parents (dettes actives).

En même temps, diminue le nombre des élèves ; un état nominatif du 15 mars 1793 accuse 49 élèves ; un autre du 15 septembre n'en donne plus que 44.

Malgré leur petit nombre, ces élèves essayèrent, le 28 floréal an II, une insurrection bien insignifiante sans doute, car le *Livre de la Municipalité de Rebais* n'en fait nulle mention spéciale ; pourtant, le 4 prairial, Bri-

[1] Archives départem. H. 381, 383.

dou, administrateur du district de Rozoy, était envoyé à Rebais pour recueillir des renseignements sur cette révolte et pour faire conduire à Rozoy les élèves coupables et les citoyens dont la conduite et les propos *pourraient* être considérés comme suspects.

Le principal et l'économe avaient bien échappé aux poursuites de la municipalité, mais les créanciers de l'Ecole portèrent leurs plaintes à l'administration du district qui les autorisa à faire opposition aux traitements du principal, de l'économe et même des professeurs : ces derniers réclamèrent et l'affaire vint au Tribunal de Coulommiers. On avait retenu leur pension et confisqué leurs meubles : le mobilier leur fut rendu (1).

Il restait encore à l'Ecole quelques élèves que leurs parents n'avaient pu retirer : Bridou fit évacuer ces divers pensionnaires le 3 brumaire an III.

L'Ecole militaire avait cessé d'exister.

Trois ans après, c'en était fait des bâtiments qui l'avaient abritée. Le 4 fructidor an VI, trois citoyens de Rebais, Tranchard, Daubigny et Duparcq en devinrent acquéreurs moyennant la somme de 850,000 francs (2).

Avant qu'il fût procédé à cette vente, on avait bien tenté de faire revivre l'ancienne Ecole : ce projet n'avait pas réussi. L'ancien

1] Livre de la Municipalité.

2] Arch. départ. n° 65 n 4. Domaines nationaux.

principal, Grandidier, demandait l'aliénation de l'emplacement pour y former un établissement d'instruction publique. Il adressa dans ce but à l'administration du département une pétition ainsi conçue :

« Aux citoyens administrateurs du département, expose le ci-devant principal du Collège de Rebais :

« Que l'emplacement où était établie cette maison d'éducation réunit tous les avantages nécessaires à un établissement d'instruction publique ; que, s'il pouvait obtenir l'aliénation de cette maison avec facilités de paiement, son projet serait de s'unir à plusieurs pères de famille déjà lancés dans la carrière de l'éducation, pour rétablir dans cette maison un cours d'instruction basé sur les principes adoptés par le gouvernement. Un établissement de cette nature, en concentrant l'éducation dans un collège solide, détruirait quantité de petites écoles particulières, imbues des préjugés de l'ancien régime et perdues par le fanatisme. Ses collaborateurs seraient instruits, connus par leur conduite morale et politique et soumis à l'acceptation des autorités constituées. » (1)

A cette demande, l'administration départementale répondit que le domaine allait être vendu et que le citoyen Grandidier pouvait concourir à l'adjudication.

(1) Arch. départem, n° 65 u 4.

Cette fois, tout était fini. Les nouveaux propriétaires, sans respect pour ces débris d'une ancienne prospérité, firent lentement abattre tous les vieux bâtiments, témoins de l'histoire du pays.

En 1830, subsistaient encore quelques vestiges, qu'une gravure du temps nous a fidèlement conservés. Aujourd'hui les ruines mêmes ont disparu, et de tout ce passé, il reste à peine un souvenir.

FIN

TABLE DES MATIÈRES

I   Sur le nom de Rebais.   1

II   Un infanticide à Resbetz en 1668. . .   7

III Armoiries et sceaux de l'abbaye de Rebais.   11

IV Un abbé de Rebais ambassadeur à Rome, au xvie siècle.   17

V   Le rôle d'un abbé pendant les guerres de religion (1590).   21

VI Le marché au xviiie siècle.   26

VII Une visite de l'évêque de Meaux à Rebais, en 1787.   31

VIII L'école militaire de Rebais pendant la Révolution (1789-1793).   35

COULOMMIERS. — IMPRIMERIE MÉDÉRIC CHAROT.